PHILIPPE I,

ROI DES FRANÇAIS.

PRÉCIS HISTORIQUE,

Par M. A. Châteauneuf,

AUTEUR DE L'HISTOIRE DES GRANDS CAPITAINES DE LA RÉVOLUTION.

prix : 1 fr. 25 cent.

Paris,

CHEZ LES MARCHANDS DE NOUVEAUTÉS.

1830.

PHILIPPE I,

ROI DES FRANÇAIS.

CHAPITRE PREMIER.

Jeunesse du Prince. — Son éducation. — Bataille de Valmy.

Louis-Philippe, successivement duc de Valois, de Chartres et d'Orléans, naquit à Paris, le 6 octobre 1773. A cinq ans, on lui donna pour précepteur le chevalier de Bonnard. Ce poète ingénieux était le rival de Voltaire et de Gresset dans l'épître légère. C'était placer l'esprit et le goût près d'un berceau, suivant le précepte de Quintilien. C'est ainsi que ce prince apprit, presque en naissant, à parler la langue la plus polie et la plus aimable. A peine atteignait-il sa neuvième année qu'il eut pour premier instituteur

madame la comtesse de Genlis, douée d'un esprit phi-
losophique et religieux. On s'attend que ces deux
mots unis feront sourire ; mais cette alliance, qu'on
vit souvent à Athènes et à Rome, n'a pas toujours
paru si étrange à Paris. Aux études agréables, madame de Genlis en joignit d'utiles pour l'avenir, d'a-
près le conseil de Rousseau, dans l'*Emile*. Il semblait
qu'au milieu des splendeurs, craignant des révolutions, elle prévît tant de royales infortunes. Elle fit
enseigner à son élève tous les exercices qui fortifient,
développent, donnent l'élégance et l'agilité, qualités
nécessaires au soldat, et plus encore à celui que son
rang destine à commander. Ce que la multitude veut
d'abord dans un guerrier, ce sont des traits mâles et
une taille héroïque. Kléber, grand et robuste, ne
pouvait se figurer que Bonaparte fût un bon général, parce que Bonaparte était faible et n'avait que
cinq pieds.

Le duc de Chartres fit, en 1789, un voyage en Nr-
mandie. Croira-t-on qu'à une époque où Louis XVI
avait aboli la torture, on pût voir encore, au mont
Saint-Michel, la cage de fer dans laquelle un gazetier
de Hollande, qui avait écrit contre Louis XIV, fut
e fermé pendant dix-sept ans ? On y tourmentait, de
lion en loin, il est vrai, d'autres prisonniers. Le jeune
prince la fit détruire, et cet acte d'humanité fut ap-
prouvé de la France entière.

Quand l'éloquence de la tribune se montra, pour la première fois en France, avec la liberté, le duc de Chartres fut très-assidu aux séances de l'assemblée nationale : il écoutait, avec l'enchantement naturel à son âge, ces prodiges de la parole qu'il devait voir bientôt égalés par ceux du courage. On se résignait alors à des pertes; on offrait à l'état les plus nobles sacrifices. On sait avec quelle indifférence pour lui et quelle ardeur du bien public le jeune prince renonça à des privilèges qui tombaient dans le domaine de la nation. Tout présageait la guerre; le prince n'hésita pas à se placer à la tête de son régiment. Comme Scipion suivi de Térence, il se fit accompagner, à Vendôme, par M. Alexandre Pieyre, dont le premier onvrage, *l'École des Pères*, avait obtenu de grands suffrages sur la scène; l'un du roi, l'autre de la nation (1). Le bas peuple de cette ville poursuivit un jour un prêtre accusé d'avoir regardé avec mépris un prêtre constitutionnel qui conduisait

---

(1) M. de Pieyre, secrétaire des commandemens de S. A. R. Mademoiselle, vient de mourir à l'âge de 78 ans. Il m'honorait de son estime. J'écris sa vie. On peut lire dans les *Mémoires Curieux*, *les Franciscains de Metz*, drame historique en un acte: ces scélérats de moines vendent leur ville et la livrent à Charles-Quint. La pièce de M. Pieyre aurait du succès au théâtre; j'en donne l'avis à MM. les directeurs de Paris et de la province; qu'ils profitent du moment où l'on accuse des *Moines* et des bigots de tous les maux de la France.

sa procession. Il allait être pendu comme aristocrate ; le Duc l'arracha à la multitude furieuse. Quelque temps après, il retira des flots un ingénieur, en se jetant à la nage. Temps heureux où le courage ne pouvai s'exercer qu'en sauvant la vie à ses semblables ! On n'avait vu de ces bonnes actions que dans de simples citoyens ; la ville décerna à l'auteur une récompense non moins inouïe ; la couronne civique à un prince !

Sept de ses officiers prêtèrent seuls le serment ; la discipline n'en fut point relâchée, grâce à sa douceur et à sa fermeté. Il commanda pendant tout l'hiver à Valenciennes. Louis XVI ayant déclaré la guerre à l'Autriche, le duc de Chartres se réunit au corps d'armée sous les ordres de Biron. Il se trouva aux premiers combats, à Boussut et à Queragnon ; le surlendemain, il contribua à rallier les fuyards de Quiévrain, frappés d'une terreur panique. On avait tenté, et on y avait trop bien réussi, de faire perdre à Biron la confiance du soldat. En vain avait-il signalé sa valeur en Amérique, et son amour pour la liberté depuis son retour ; sa naissance était un crime. « Plus d'assurance dans le général en chef, dit le général Dampierre dans ses mémoires inédits, eût rendu nos soldats aussi terribles qu'ils le devinrent sur les mêmes lieux qu'ils abandonnaient à regret. S'il fut une circonstance où l'on dut pressentir l'impression fatale qu'une retraite produit sur le soldat, c'était au commencement d'une guerre succédant à une longue paix. L'attaque convient particulièrement au caractère impétueux de notre nation. »

Le duc de Chartres, nommé maréchal-de-camp par droit d'ancienneté, prit Courtray avec Luckner et Valence. Il se réunit avec sa brigade de dragons, composée des 14ᵉ et 17ᵉ, à Metz, où Kellermann commandait. Les grandes armées des rois alliés commençaient à pénétrer sur le territoire (1792).

Il fut nommé lieutenant-général, avec le commandement de Strasbourg. « Je suis trop jeune, répondit-il, pour m'enfermer dans une place, et je demande à rester dans l'armée active. » Kellermann charmé de la vivacité de son courage, lui donna une division à commander. Jamais un si grand danger n'avait menacé la France. Les armées ennemies occupaient la Champagne : le roi de Prusse, ayant sous lui le duc de Brunswick, commandait en personne soixante-dix mille combattans ; l'armée autrichienne, de trente-six mille hommes, était conduite par le prince de Hohenlohe ; le maréchal de Clairfait, à la tête de vingt mille soldats, était encore suivi de dix mille Hessois. Kellermann ne pouvait leur opposer que vingt-deux mille hommes. On peut lire par quel art, secondé de l'ardeur de ses soldats, il arrêta les prussiens à Valmy. (Tome II des *Grands Capitaines*). Le duc fut placé à la tête de la seconde ligne, près des hauteurs de Valmy. C'était la position la plus importante ; là se dirigèrent tous les efforts de l'ennemi et le feu de son artillerie. Le duc de Chartres s'y maintint jusqu'au soir, et contribua puissamment au succès de cette mémorable journée.

Une victoire aussi inespérée arrêta l'ennemi formidable qui s'avançait sur Paris, certain d'arriver et de s'y partager nos provinces, d'après le fameux traité de Pilnitz. Kellermann distribuait, sur le champ de bataille, ces éloges qui sont le plus beau prix du courage : « Cent voix unanimes m'a dit souvent ce vieux guerrier, confirmèrent ce que j'avais vu. » Kellermann était le permier juge de la valeur de son armée. « Embarrassé du choix, disait-il dans sa dépêche à Paris, je ne citerai, parmi ceux qui ont montré un grand courage, que M. de Chartres et son aide-de-camp M. de Montpensier, dont l'extrême jeunesse rend le sang-froid, à l'un des feux les plus soutenus qu'on puisse voir, extrêmement remarquable. » Après la bataille de Valmy, la contenance du soldat devint plus fière et promit à ceux qui savent lire sur le front de l'homme ce que les Français seraient capables d'exécuter un jour. (Voyez mon Précis historique sur Kellermann duc de Valmy.)

CHAPITRE II.

Bataille de Jemmapes. — Revers à Nerwinde.

La victoire fut, à Jemmapes, encore plus éclatante qu'à Valmy. Le duc de Chartres, Frégeville, Dampierre et Valence s'y distinguèrent par une impétuosité et une audace nouvelles, aux yeux de Dumouriez, qui avait lu les guerres anciennes et vu les Français en Corse, en Pologne, en Allemagne et à Fontenoy. Ce général était actif et vaillant comme César. Noble nouveau, il passait pour intrigant. Mais César, malgré *sa céleste origine*, fut-il exempt d'intrigue, lui dont la maxime était : « Gardez la foi avec vos amis, jamais avec vos rivaux ! » Qui n'a pas entendu appeler le vainqueur de Jemmapes un Dumouriez, un parvenu ? Cependant il vivra dans l'histoire, quand ses contempteurs sont confondus dans d'obscures généalogies, qu'on consulte rarement et qu'on ne lit plus.

C'est une des lois du goût de décrire une bataille avec rapidité. Avant d'envahir la Belgique, Dumouriez dit à son armée : « Entrons dans ces provinces comme des libérateurs et des frères. » Il attaqua les Autrichiens dans leur camp retranché. En montrant à ses soldats les hauteurs de Jemmapes, il s'écria : « Voilà l'ennemi ! qu'il soit précipité ; baïonnette en avant ! c'est la seule tactique digne de votre courage. » Quarante mille Français gravissent ces hauteurs, malgré cinquante redoutes qui recélent trente mille Autrichiens et deux cents pièces d'artillerie. Dumouriez déploya une bravoure surnaturelle ; monté sur un cheval rapide, il courait aux deux extrémités de sa ligne, foudroyée par les boulets et la mitraille. Les soldats croyaient ne pas assez prodiguer leur vie pour un tel général. Il voulut emporter les retranchemens du mont Parisel. Il appelle tous les grenadiers : « Camarades, leur dit-il, c'est pour la liberté des peuples que nous combattons. Vous savez que les soldats des despotes craignent l'arme blanche. Je vous demande si nous ne pourrions pas enlever cette montagne. Sa prise nous rendra maîtres de Mons. » Marchons ! s'écrient les grenadiers. Ils jettent fusils, gibernes, et, le sabre à la main, ils enlèvent les redoutes, le duc de Chartres à leur tête.

En s'avançant de Valenciennes à Jemmapes, ce prince avait emporté une batterie sur le moulin de Boussut. Réuni au centre, il attaqua ces redoutes ; Leur feu, presque à bout portant, faisait un effroyable ravage. Le désordre se mit dans nos rangs ;

trop d'ardeur avait mêlé nos bataillons. Le jeune prince en forme une colonne, place au milieu cinq drapeaux, fait battre la charge, et, avec ces soldats que son sang-froid rallie, attaque l'infanterie autrichienne qui remplit les intervalles des redoutes. Il y pénètre et s'empare de presque toute l'artillerie autrichienne, malgré la cavalerie qui commence à la faire défiler vers Mons.

Quelle gloire a plus d'ennemis que celle des armes! Les factions respectaient encore le duc de Chartres ; mais sa famille était bien malheureuse. Sa sœur, déclarée émigrée à cause d'un voyage qu'elle avait fait en Angleterre avec madame de Genlis, était obligée de sortir de France sous trois jours. Il vint à Paris, et l'emmena à Tournay. A peine arrivait-il, qu'un décret bannit tous les Bourbons. Il aurait voulu que son père partît avec lui et tous les siens pour les États-Unis. Vains présages de sa prudence et de sa tendresse! Ce décret, heureux pour ces temps funestes, était révoqué avant que ses derniers conseils parvinssent à Paris.

Dumouriez, victorieux devant Breda et Berg-op-Zoom, venait d'accourir des frontières de la Hollande au secours de Lanoue et de Miranda, ses lieutenans, chassés par le prince de Cobourg jusqu'à Louvain. A peine est-il dans les champs de Nerwinde, qu'il fait replier l'avant-garde ennemie, de Tirlemont au-delà de la Gette. Il avait été toujours heureux. Devait-il livrer bataille? Une victoire le faisait craindre de l'Autriche et de la Convention; une retraite livrait sa tête au fer des bourreaux. Il résolut de combattre.

Le duc de Chartres commandait le centre de l'armée; il devait soutenir l'attaque de Nerwinde. Le brave Valence s'empare d'abord du village; mais, accablé par le nombre, il est forcé de l'évacuer. Le duc de Chartres s'y précipite à son tour, à la tête de seize bataillons d'infanterie. Il délogeait les Autrichiens de haie en haie, lorsqu'à la vue des renforts ennemis, nos plus jeunes soldats poussent des cris perçans, et fuient épouvantés. La colère, le sang-froid, l'honneur, rien ne peut arrêter le désordre : il fallut abandonner Nerwinde. Le feu de quelques vieux bataillons, demeurés fermes sur la place du village, arrêta l'ennemi assez long-temps pour sauver ces masses confuses qui en sortaient.

Dumouriez et les historiens accusent Miranda de ce revers. Trente mille hommes qu'il commandait furent inutiles pendant la bataille. On peut lire des détails dans ma vie de Dumouriez. Lorsque Voltaire, renvoie ses lecteurs, de Pierre Ier à Charles XII, il ajoute : « Ce que nous craignons le plus dans cet ouvrage, c'est de nous répéter. »

Le duc de Chartres, l'un des derniers à cette retraite, regagna Tirlemont sans avoir été entamé. Il en fit fermer les portes, plaça les troupes sur les remparts, et, par sa bonne contenance, suspendit la marche victorieuse de l'ennemi.

Dumouriez savait trop qu'un premier revers ne serait pas pardonné par la Convention ; il abandonna ses soldats battus et mutinés contre lui. Le duc de Chartres, dans une guerre avouée d'abord du roi et de la nation, venait de voir expirer dans les camps cette liberté pour laquelle il s'était armé avec un million de soldats. Il s'était exprimé, avec plus de franchise que de prudence, sur des excès qui trompaient toutes les espérances des amis du trône et de l'indépendance nationale, dont l'alliance ne paraîtra plus impossible aujourd'hui ; il fut frappé d'un décret d'arrestation. Il fallait s'exiler avec douleur ou périr sans gloire. Il arriva, malgré mille dangers, à Mons. L'archiduc Charles, aussi vaillant qu'humain, lui offrit le même grade de lieutenant-général dans l'armée d'Autriche. Coriolan, le Connétable de Bourbon, le grand Condé, Turenne, Dumouriez, Pichegru, Moreau, ouvrirent l'oreille aux offres des ennemis qu'ils avaient combattus ; La Fayette, Latour-Maubourg, Lameth, Valence, le duc de Chartres (les trois premiers dans les fers), fermèrent leur cœur à la trahison. L'héroïsme le plus difficile pour des guerriers n'est pas de vaincre, c'est de se ressembler.

Lorsque deux factions partagent un empire,
Chacun suit au hasard la meilleure ou la pire.
Mais quand le choix est fait on ne se dédit plus.

CORNEILLE.

Le duc de Chartres ne demanda au prince autrichien qu'une grâce sur-le-champ accordée ; des passeports pour la Suisse. Il espérait d'y trouver un asile. Vain espoir ! proscrit en France, il devait trouver au dehors l'abandon et le reproche d'avoir aimé une révolution dont il déplorait les excès.

CHAPITRE III.

Retraite en Suisse. — Voyages en Danemarck, en Laponie,
et en Suède.

Le duc de Chartres partit de Mons pour la Suisse,
le 12 avril 1793, caché sous un nom anglais, presque
sans argent pour payer le plus modeste asile. et *le
pain amer* de l'étranger. Les princes et les grands
n'avaient pas prévu de révolution. L'infortune a plus
convaincu que les leçons de l'histoire. En politique,
il est toujours sage d'assurer au dehors son avenir.
Ce n'est pas le détrônement de Denys que Bonaparte
craignait, mais son indigence à Corinthe. On sait par
combien de millions, pris moins sur nous que sur
l'ennemi, lui et sa famille se sont mis à l'abri de la
pauvreté. Le duc de Chartres apprit sur la route que
toute sa famille était arrêtée. Il arrive à Bâle, et en
part sur-le-champ pour voir mademoiselle d'Orléans,
sa sœur, qu'un exil heureux, comme on l'a vu, pla-
çait sous sa protection. Elle arrivait à Schaffhouse

avec madame de Genlis et le général Monjoie, exilé de l'armée. Le prince voulait s'établir à Zurich ou à Zug, mais on lui déclara qu'il n'y trouverait pas d'asile. Tremblant d'éprouver le même refus pour sa sœur, il s'adressa au général Montesquiou, fugitif comme lui. Après les sacrifices les plus nobles à l'Etat et sa conquête du duché de Nice, M. de Montesquiou, menacé par la Convention, s'était sauvé à Bremgarten; il y vivait presque inconnu, sous le nom de chevalier de Rionnel. Il fit recevoir, et ce ne fut pas sans beaucoup de peine, mademoiselle d'Orléans et madame de Genlis au couvent de Sainte-Claire.

« Quant à vous, dit-il au duc de Chartres avec douleur, il n'y a d'autre parti que d'errer dans les montagnes, de ne séjourner nulle part, et de continuer cette triste manière de voyager, jusqu'au moment où les circonstances se montreront plus favorables. Vous aurez, un jour, votre *Odyssée*, comme Ulysse ». Le duc de Chartres se sépara de sa sœur, qu'il ne devait revoir que quinze ans après. Seul, à pied, presque sans argent, il commença ses voyages dans l'intérieur de la Suisse et dans les Alpes. Je ne le suivrai point aux bords des lacs de Genève et de Neuchâtel, dans ces beaux sites décrits par J.-J. Rousseau (1); à Steinck, à Burglen, à Grutli, à la cha-

----

(1) *Nouvelle Héloïse* et *les Confessions*.

pelle de Tallen-Blat, et dans tous les lieux pleins de la gloire de Guillaume Tell ; au mont Saint-Gothard, implorant en vain un asile des moines de l'hospice. Il peut aujourd'hui contempler du rivage cette dernière infortune ; Vernet en a fait un tableau touchant, aussi admirable que sa *bataille de Jemmapes*.

Forsan et hæc olim meminisse juvabit. (*Eneide.*)

Toutes les ressources du prince étaient épuisées ; il revint à Bremgurten. Le général Montesquiou conçut l'idée de le placer comme professeur au collége de Reicheneau. Il recommande au directeur de ne dire à personne que le jeune Français est le duc de Chartres. Après un examen par les professeurs, il est unanimement admis. Il enseigne pendant huit mois la géographie, l'histoire, les langues et les mathématiques. Il cachait son rang sous des dehors si simples qu'il ne fut jamais reconnu. « Il supporta sans se plaindre, sans même paraître s'en étonner, dit madame de Genlis, et les rigueurs du sort, et les injustices des hommes. Sous le ciel le plus âpre, au milieu des glaces de l'hiver, il se levait à quatre heures du matin pour aller donner des leçons de mathématiques transcendantes, sous le nom de M. *Corby* : ce nom était celui d'un marchand du Palais-Royal ; il lui rappelait la patrie absente et le palais de ses aïeux. »

Mademoiselle d'Orléans quitta le couvent pour se

réunir à la princesse de Conti, sa tante ; le duc de Chartres put aller vivre près du général Montesquiou, sous le nom de l'aide-de-camp Corby. En sortant du collége, il s'était fait donner un certificat de *bonne conduite et de capacité.* Vers la fin de 1794, sa retraite n'étant plus un mystère, il crut devoir quitter la Suisse ; mais au milieu des révolutions, des ressentimens et des guerres, le duc d'Orléans (c'est ainsi que je le nommerai désormais) pouvait difficilement trouver une contrée pour échapper à ses persécuteurs. Fixé dans son premier plan d'aller s'établir aux États-Unis, il arrive à Hambourg, lieu sûr pour s'embarquer. Une promesse d'argent, toujours incertaine dans le malheur, ne s'étant pas réalisée, il résolut de parcourir en inconnu tout le nord de l'Europe. Un banquier à Copenhague, auquel on l'avait recommandé comme Suisse d'origine, lui fit obtenir un passeport pour voyager librement dans tout le Danemarck.

Le prince, après avoir visité le château de Gronemburg et le jardin d'Hamlet, moins connu par les historiens que par deux tragédies de Shakespeare et de Ducis, passa le Sund, remonta au lac Verner pour admirer les belles cascades du fleuve des Goths à Troullbatan ; en Norwège, il séjourna à Frédérikshall, où Charles XII *périt en roi, la main sur l'épée.* Les habitans de Christiania lui firent l'accueil le plus gracieux, sans le connaître et même soupçonner son rang; à Drontheim, le baron de Krôg, gouverneur, le combla d'égards. Il est juste de citer ces noms; c'est à l'histoire à éterniser la reconnaissance d'un prince malheureux. Il hâta son départ pour arriver, vers l'époque du solstice, à l'extrémité du continent. Il longea les côtes de Norwège jusqu'au golfe de Salten. Il visita le Mahlstrom, malgré les dangers qui en défendent l'approche au voyageur curieux.

Il voyagea à pied avec les Lapons sur le crête des montagnes jusqu'au golfe de Tys. Arrivé au cap Nord, le 24 août 1795, il s'arrêta quelque temps dans cette contrée, à dix-huit degrés du pôle, et revint par la Laponie à Tornéo, extrémité du golfe de Bothnie. L'arrivée de quelques Français étonna : on n'en avait pas vu à Tornéo depuis le poète Regnard et le savant Maupertuis, envoyé par le roi, en 1736, pour mesurer le degré du méridien sous le cercle polaire. La géographie était si peu avancée que Regnard écrivit sur un rocher :

Sistimus hic tandem nobis ubi defuit orbis.
Et nous nous arrêtons où finit l'univers.

On peut lire, dans la relation de Maupertuis, ou dans son éloge par Fourchy, ce que cet académicien osa. Le duc d'Orléans parcourut les mêmes régions jusqu'à cinq degrés plus près du pôle que cet intrépide savant.

De Tornéo, qui n'est qu'un hameau, devenu célèbre par les observations de ces Français, le duc d'Orléans se rendit dans la Finlande, sans laquelle *il n'y a point de royaume de Suède*, a dit un roi goth qui s'est trompé (1). Le duc d'Orléans la parcourut pour y étudier le théâtre de la dernière guerre entre les Russes et Gustave III. Il s'avança jusqu'au Kimène, fleuve qui séparait alors la Suède et la Russie, et il s'arrêta. Catherine-la-Grande, autrefois philosophe, ne pouvait pas rassurer un Bourbon philosophe sur sa sûreté personnelle. Il traversa les îles d'Atlan et vint à Stockholm. La curiosité de voir un grand bal à la cour le décida à profiter d'un billet pour la tribune la plus élevée de la salle. A peine est-il assis et mêlé dans la foule, qu'un maître des cérémonies vient le chercher pour le conduire dans l'enceinte où se trouvait la cour. L'*incognito* qu'il voulait garder était connu de l'envoyé de France, homme fin, mais indulgent et affable (2). Il venait de dire au chancelier, le comte de Spare : « Vous me cachez vos secrets; vous ne m'aviez point dit que vous eussiez ici le duc d'Orléans. » Le chancelier ne pouvait y croire. « Il y est si bien, reprit l'envoyé, que le voilà là-haut. » Le chancelier et le duc de Sudermanie, régent et de-

---

(1) La Suède, avec la Finlande, est plus ouverte aux agressions de la Russie; la Norwège vaut mieux.

(2) Grouvelle, éditeur des lettres de Madame de Sévigné.

puis roi par le vœu de la nation, accueillirent le prince, lui prodiguèrent les égards. Ils ordonnèrent qu'il pût voir ce qui méritait d'attirer ses regards dans toute l'étendue du royaume de Suède : il se borna à profiter de cette dernière attention. Il alla visiter les mines de la Dalécarlie, d'où Gustave-Wasa, long-temps caché, sortit pour reconquérir son royaume; exemple aussi singulier que celui de Marius, abandonné de ses soldats, enfoncé jusqu'au cou au milieu des roseaux, dans un marais, pour échapper à la cavalerie de Sylla, et reparaissant, deux ans après, avec une armée nouvelle dans Rome même, dont il fait massacrer les habitans. Bonaparte fut encore un exemple qu'on peut revenir de plus loin.

Après avoir vu le bel arsenal de marine de Carlscrone, le duc d'Orléans repassa le Sund, et revint, par Copenhague et Lubeck, à Hambourg (1796). Presque indigent et sans avenir, il refusa encore d'entrer dans *les camps étrangers*. Ce n'était pas son seul tourment; le directoire, ombrageux comme tous les gouvernemens mal affermis, et déjà allié à plusieurs cours du Nord, négociait secrètement près d'elles pour l'éloigner de l'Europe. On ne saurait trop remarquer ces caractères immuables au milieu des partis; le prince se condamna de nouveau à une obscurité si rigoureuse dans le Holstein, que le ministre de la république française près des villes anséatiques le fit chercher, pendant deux mois, jusqu'en Pologne.

Enfin, il parvint à le découvrir, et lui fit passer une lettre de la duchesse d'Orléans, sa mère. Elle suppliait son fils, en son nom, et pour l'intérêt de ses autres enfans, toujours prisonniers à Marseille, de quitter l'Europe, et de partir pour les États-Unis : « Que la perspective de soulager les maux de ta pauvre mère, disait-elle, de rendre la situation des tiens moins pénible, de contribuer à assurer le calme à ton pays, exalte ta générosité. » Il répondit sur-le-champ : « Quand ma tendre mère recevra cette lettre, ses ordres seront exécutés, et je serai parti pour l'Amérique. Et que ne ferais-je pas, après la lettre que je viens de recevoir? Je ne crois plus que le bonheur soit perdu pour moi sans ressource, puisque j'ai encore les moyens d'adoucir les chagrins d'une mère si chérie, dont la position et les souffrances m'ont déchiré le cœur depuis si long-temps. Je crois rêver, quand je pense que dans peu j'embrasserai mes frères, et que je serai réuni à eux; car je suis réduit à pouvoir à peine croire ce dont le contraire m'eût paru jadis impossible. Ce n'est pas, cependant, que je cherche à me plaindre de ma destinée, et je n'ai que trop senti combien elle pouvait être plus affreuse. Je ne la croirai même pas malheureuse, si, après avoir retrouvé mes frères, j'apprends que notre mère chérie est aussi bien qu'elle peut l'être : si j'ai pu encore une fois servir ma patrie, en contribuant à sa tranquillité, et par conséquent à son bonheur, il n'y aura pas eu de sacrifices qui m'aient coûté pour elle, et, tant que je vivrai, il n'y en a point que je ne sois prêt à lui faire. »

La famille la plus unie n'offrit jamais un tel modèle d'amour filial et de tendresse fraternelle. Malgré notre dessein de ne nous occuper que du guerrier, un intérêt touchant nous attire vers la mère et la sœur. La première, sous le règne de la terreur, avait dû le salut de ses jours, non pas à la vertu, la première immolée, mais à son ineffable bonté. N'arrive-t-il pas quelquefois que l'innocence est épargnée dans le sac d'une ville? Quand le Comité de salut public ordonna de conduire cette princesse à la Conciergerie, d'où l'on allait à la mort, le geôlier du Luxembourg dit aux redoutables recors : « Ah! la pauvre *femme*, elle se meurt! peut-être elle est morte! » Ces mots, prononcés par Benoit avec l'accent de la pitié, sauvèrent la princesse.

Après la chute de Robespierre, le gouvernement, sans lui rendre la liberté, la fit transférer au faubourg Saint-Antoine, dans la maison de M. Belhomme, médecin. Ce fut là, qu'avec M. de Ségur, échappé par miracle aux supplices, je vis cette excellente princesse, pendant la famine qui désolait Paris. Ses biens étaient séquestrés, et les denrées étaient hors de prix; elle nous offrit de son café sans sucre, n'ayant pas, nous dit-elle, *de quoi en acheter.* Il y avait cent quarante ans alors que la petite-fille d'Henri-le-Grand, mariée depuis *au duc d'Orléans*, frère de Louis XIV, fut réduite, à Paris, pendant la guerre civile, aux extrémités de la pauvreté, avec sa mère, veuve de Charles Ier. « Elles restaient au lit, dit Voltaire, n'ayant pas de quoi se chauffer, sans que le peuple de Paris, enivré de ses fureurs, fît seulement attention aux afflictions de tant de personnes royales. (1) »

Mademoiselle d'Orléans vivait depuis deux ans dans la profonde retraite d'un couvent de Fribourg. Elle était entrée de nuit dans la ville, et la princesse de Conti, sa tante, n'avait pas osé la loger chez elle. Fribourg était plein d'émigrés moins malheureux ; ils y trouvaient des secours refusés à Mademoiselle. Quel était l'objet de tant de haine ? une princesse si jeune, au jour de son exil, qu'elle ne comprenait pas encore ces deux mots, alors si cruels, *liberté* ou *pouvoir absolu* ! Mais qui ne sait que *le ressentiment politique* immolerait l'enfance même au berceau ?

---

(1) Henriette d'Angleterre fut empoisonnée par un chevalier de Lorraine, ont dit les courtisans, et le peuple le crut ! cette calomnie est réfutée d'après Mme de la Fayette et Voltaire ; tome II *des Mémoires curieux et anecdotes secrètes.*

CHAPITRE IV.

Un vaisseau américain porta le prince, en vingt-sept jours, de l'Elbe à Philadelphie. Ses deux frères furent moins heureux; leur traversée de Marseille en Amérique dura deux mois. Ils apportaient moins d'argent que d'espérance, mais ils étaient libres. Le duc d'Orléans leur proposa de voyager dans l'intérieur des États-Unis. Suivis d'un seul domestique, ils se dirigèrent vers Baltimore. Ils virent en Virginie, dans sa retraite, *le grand et modeste* Washington : il les y avait invités avant la fin de sa présidence. Ces nuances d'opinions, si funestes au repos des états, s'effacent dans l'éloignement, comme elles s'effaceront dans l'avenir. Quel écrivain du siècle osera faire ou attaquer des réputations, quand nous voyons honorer, à Paris et à Boston, ce qu'on blâme à Vienne et à Madrid?

La curiosité amena les trois voyageurs au milieu

des Chirokis; ils passèrent deux jours avec ces sauvages pour assister à leurs fêtes. Nous les suivions dans les déserts de six autres nations ; mais ces pays et leurs mœurs ont été décrits avant nous (1), et les *Vies des grands Capitaines* ressemblent par l'étendue, sinon par le mérite, aux modèles laissés par Plutarque, qui jamais n'épuise un sujet. Les détails que l'histoire rejette seraient d'un grand intérêt dans les Mémoires du prince, s'il les publiait un jour.

Aucun des trois frères ne succomba aux fatigues dans ces régions inhabitées. Ils étaient réunis, c'était le bonheur après de si longues souffrances; et le bonheur pour les cœurs tendres est le principe de la santé. La fièvre jaune se déclara à leur retour à Philadelphie; faute d'argent ils ne purent quitter ce séjour dangereux. Ce ne fut qu'après plusieurs mois, pendant lesquels la mort se montrait tous les jours aux habitans effrayés, qu'ils purent se procurer quelques moyens pour entreprendre un nouveau voyage : le gouvernement français venait de réintégrer leur mère dans ses biens. Ils parcoururent New-York, Rhode-Island, le Massachussetts, le New-Hampshire et le Maine. Un nouveau coup du sort les attendait à Boston; ils y apprirent que leur mère venait d'être exilée en Espagne, à la suite d'une de ces révolutions

---

(1) Voy. *Voyage du général Lafayette dans les État-Unis.*

qui confondent les innocens et les coupables. Leur première pensée fut d'aller la rejoindre. Leur dénuement et la guerre entre l'Espagne et l'Angleterre étaient deux grands obstacles ; mais que n'ose pas l'amour filial? Ils descendirent, au milieu des glaçons, l'Ohio et le Mississipi jusqu'à la Nouvelle-Orléans (1798).

A défaut de bâtiment espagnol, ils s'embarquèrent sur un navire américain, qui fut pris par une frégate anglaise. Le duc d'Orléans se nomma, et le capitaine le fit transporter à la Havane avec ses frères. A peine l'accueil des magistrats et des habitans lui donnait-il l'espoir d'y vivre dans l'obscurité, que le gouvernement de Madrid prescrivit au capitaine-général de reléguer les trois frères à la Nouvelle-Orléans, sans leur assurer *aucun moyen d'y subsister*. Les princes indignés refusèrent de se rendre à la destination qui leur était imposée avec ces formes inhumaines. Ils tournèrent leurs regards vers l'Angleterre, île hospitalière, où nous avons vu, en 1816, tant des Français, divisés par la haine, l'oublier enfin dans un commun exil. Ils passèrent aux îles de Bahama et de là à Halifax, où le duc de Kent, l'un des fils du roi d'Angleterre, très-libéral, les reçut honorablement. Mais la circonspection anglaise ne lui permit pas de leur accorder passage pour l'Angleterre sur une frégate de sa nation. Ils ne se laissèrent pas décourager; ils montèrent sur un petit navire qui les transporta à New-Yorck ; un paquebot anglais les conduisit à Falmouth, et ils arrivèrent à Londres au mois de février (1800).

Le duc d'Orléans écrivit à Louis XVIII, réfugié à Mittau. Ce rapprochement fut l'essai de *l'oubli mutuel* que la Charte à la main, le Roi devait proposer aux Français. Rappelons - nous sa riante entrée à Paris, au retour de l'exil. Ne semblait-ils pas, à l'occasion de ces tristes souvenirs, dire comme le *bon Béarnais* aux Parisiens, dans une réconciliation aussi solennelle :

Votre amour pour vos rois les ont tous effacés.

VOLTAIRE.

Une seule pensée agitait toujours le prince ; revoir sa mère. Il attendait d'elle un avenir plus doux pour sa jeune famille ; lui seul en était l'appui. Le gouvernement anglais lui accorda une frégate pour Minorque. C'était au moment où Bonaparte gagnait une bataille à Marengo ; le corps de Condé, qui s'était replié devant lui, arrivait dans l'île pour se réunir à l'armée anglaise. On demanda au duc de se ranger sous les drapeaux de l'émigration ; il répondit *par son refus accoutumé*. La guerre des Anglais contre l'Espagne fut un obstacle au départ ; en vain les trois frères soupiraient-ils pour Barcelonne, où était leur mère, comme Énée pour le Latium ; ils revinrent à

Londres, et renoncèrent à un espoir si doux à leur cœur.

Le prince s'établit à quelques milles de cette grande ville, dans un village appelé Twickenham. Il y loua la maison de Pope, aussi habile que Despréaux dans le grand art d'arranger les paroles. Son harmonie imitative est un genre de supériorité qu'il dut moins à son génie qu'à une langue qui a des brèves et des longues, comme le grec et le latin. Le poète anglais avait acheté cette retraite avec une partie des cent mille écus gagnés par la traduction d'Homère, mort de faim, comme on sait, il y a deux mille cinq cents ans. Le prince, né avec six millions de revenu, avait alors quelque peine à payer le loyer de *la maison des champs* du traducteur de *l'Iliade* (1).

Le chevalier de Broval, toujours fidèle, vint vivre dans ce *cottage* (chaumière) près des princes dont il avait commencé l'éducation dans un palais. L'éclat des premières armes du duc d'Orléans, ses infortunes et ses voyages contés avec grâce, inspiraient une vive curiosité aux Anglais; ils y joignirent bientôt l'intérêt et l'estime. Il vit tout ce qui attire les regards des

---

(1) Cette maisonnette, toute meublée, avait coûté mille guinées à Pope. Elle appartenait, en 1819, à un petit marchand de la cité.

étrangers dans les royaumes-unis : d'abord, *les monumens publics*, dignes du nom, parce qu'ils sont consacrés à l'utilité du peuple, depuis les trottoirs qui soulagent les pieds, jusqu'aux grandes places, dont la riante verdure satisfait plus la vue que nos statues équestres entourées pendant l'été et l'hiver de poussière ou de boue. Mais Londres, dit-on, n'a pas de monumens comme Paris; elle possède le plus étonnant de tous dans un espace de dix lieues; quatorze mille vaisseaux de toute grandeur, depuis Greenwich jusqu'au rivage de la mer, et cent vingt mille matelots vivant dans ces maisons de bois. Voilà la merveille dont nous fûmes frappés, dans le moment où le lever du soleil éclairait ce monument de l'industrie et de la grandeur de l'esprit humain. Les bâtimens sont si nombreux, si pressés, que le milieu du grand fleuve de la Tamise ne paraît qu'un ruisseau. Nous nous rappelâmes ces vers de *la Henriade,* où la plus belle poésie s'unit à la vérité de l'histoire :

De leurs troupeaux féconds leurs plaines sont couvertes,
Les guérêts de leurs blés, les mers de leurs vaisseaux,
Ils sont craints sur la terre, ils sont rois sur les eaux.
Leur flotte impérieuse, asservissant Neptune,
Des bouts de l'univers appelle la fortune.
Londres, jadis barbare, est le centre des arts,
Le magasin du monde et le temple de Mars.

Le duc d'Orléans visita les grands ateliers de l'industrie et jusqu'à ces métiers qui enrichissent plus un état que les trésors du Gange et les mines du Nouveau-Monde.

L'Espagne a trop connu l'indigence de l'or.　　Lebrun.

Le prince chercha à s'instruire de l'économie politique du pays; il médita ces lois sur lesquelles reposent les libertés du citoyen; lois si respectées en Angleterre, que Cromwell, après ses violences, n'osa plus transgresser ces lois. Ce fut à ce prix qu'il régna comme usurpateur. Le gouvernement anglais, tolérant envers les étrangers, mais défiant pendant la guerre, vit sans alarmes un prince renfermé dans ses anciens souvenirs, exempt d'ambition, et résigné à l'état obscur où le sort l'avait forcé de descendre.

CHAPITRE V.

Le duc de Montpensier. — Sa captivité à Marseille, racontée
dans ses Mémoires. — Sa Mort.

Pendant ces jours de repos sur une terre étrangère,
le duc de Montpensier écrivit ses Mémoires. Je ne sé-
parerai pas ce que la tendresse a uni si long-temps ;
les malheurs de ce jeune prince seront un épisode in-
téressant dans l'histoire du duc son frère. Je copierai
quelquefois ces mémoires ; ils sont d'une si aimable
simplicité que « ce serait une démence de chercher à
les embellir. » Ces derniers mots sont de Cicéron ju-
geant les *Commentaires de César.*

Le duc de Montpensier joignait à la beauté, qui
n'est qu'un don, cette élégance des manières et de
l'esprit qu'on doit à l'éducation. Il aimait tous les
arts ; il excellait dans la peinture ; il écrivait avec
cette facilité qui est encore, suivant La Harpe, la
grâce du génie.

On l'avait vu, à Valmy, à Jemmapes, combattant à côté de son frère. Il servait, en 1793, sous Biron, à l'armée d'Italie. Le comité de salut public envoya à Nice l'ordre de l'arrêter. On a dit que Biron avait exécuté cet ordre injuste avec un secret perfide. C'est une calomnie que réfutait son caractère avant qu'on pût lire ces Mémoires. Biron n'oublia jamais ce qu'il devait à Philippe d'Orléans, régent du royaume. Ce prince avait rendu à sa famille les biens que Henri IV confisqua sur le maréchal de ce nom qui l'avait trahi. « Biron, dit le duc de Montpensier, en me commuquant l'ordre de m'arrêter, m'avait assuré les moyens de m'y dérober. » Le duc craignit de compromettre son général en chef et sa famille ; il se confiait dans la tranquillité de sa conscience et dans son extrême jeunesse ; il se flattait d'inspirer moins d'ombrage que le duc son frère qui (comme il l'a dit lui-même) « avait manifesté plus ouvertement ses opinions. »

Il fut transféré à Marseille au fort de Notre-Dame-de-la-Garde, où arrivèrent quelques jours plus tard le duc d'Orléans son père, le comte de Beaujolais son frère, la duchesse de Bourbon sa tante, et le prince de Conti son oncle. Après un interrogatoire subi devant un tribunal révolutionnaire, on conduisit le duc d'Orléans et ses deux fils au fort Saint-Jean ; on les enferma dans la tour. Le duc de Montpensier fut jeté seul dans un noir cachot, où il n'eut d'autre consolation que les soins d'un fidèle serviteur ; Gamache aujourd'hui concierge de Mousseaux, avait sollicité comme une faveur de s'ensevelir avec lui dans cet horrible séjour. On l'empêchait même, lorsqu'on ouvrait la porte, d'en approcher pour respirer l'air de l'escalier. Un matin seulement, après lui avoir apporté son déjeûner, on lui permit de rester un instant sur le pas de la porte. Il entendit la voix de son père, qui n'était séparé de l'escalier que par une grille : c'était la première fois depuis bien long-temps. Il demandait à la sentinelle quelle heure il était; le duc de Montpensier s'empressa de lui crier. « Il est neuf heures. Bonjour, mon père; comment vous portez-vous? — Ah! Montpensier, lui répondit-il aussitôt, que je suis aise d'entendre ta voix! Ma santé n'est pas trop bonne, mon pauvre enfant; mais si je te voyais, cela me ferait du bien. » On referma sur-le-champ la porte des prisonniers.

Le comte de Beaujolais était enfermé dans un cachot au-dessous; mais, s'il ne pouvait voir son frère, du moins, lorsqu'il passait devant sa porte pour aller prendre l'air, jamais il ne manquait de lui crier : « Bon jour, mon frère, » sachant combien le son d'une voix aimée peut faire du bien. Un jour, il se glissa, à la suite du geôlier, jusque dans la prison du duc de Montpensier et le pressa dans ses bras; depuis on eut la barbarie de leur interdire cette consolation. Enfin, au mois d'août, on permit à son jeune frère de venir l'embrasser. Après cette première entrevue, un sergent de l'armée du général Carteaux se trouvant de garde auprès des prisonniers, les laissa dîner ensemble; et un officier du bataillon de la Côte-d'or, nommé Cotin, leur dit : « Venez, citoyens, venez respirer l'air : il est trop cruel de vous étouffer de la sorte, je le prends sur moi; on m'en punira si on le juge à propos. » Ces adoucissemens ne furent que rarement interrompus jusqu'au mois d'octobre 1793. Un jour le duc de Beaujolais entra précipitamment dans la chambre de son père : « Il est question de vous, lui dit-il, dans les papiers publics. — Si ce n'est que cela, mon cher enfant, cela n'est pas nouveau, car on me fait cet honneur assez souvent; mais je serais bien aise de lire ces papiers, si tu peux me les procurer. — C'est chez ma tante que je les ai lus, et elle ne voulait pas que je vous en parlasse; mais je sais que vous aimez mieux être instruit de tout. — Tu as raison; mais dis-moi, est-ce à la Convention qu'on a parlé de moi! — Oui, papa, et il a été décrété que vous seriez jugé. — Tant mieux, tant mieux, mon fils ! il faudra maintenant que tout ceci finisse bientôt d'une manière ou d'une autre; et de quoi peuvent-ils m'accuser? embrassez-moi, mes enfans, j'en suis enchanté. — Et il se mit à jouer aussi gaîment que s'il n'eût pas reçu cette triste nouvelle. Ce fut quelques jours après que le duc d'Orléans, accusé par la Convention, fut transféré à Paris.

Ses enfans n'avaient pas partagé la sécurité qu'avait

3.

montrée leur malheureux père en faisant ses adieux. Un jour qu'ils s'entretenaient de son sort avec la plus vive anxiété, la duchesse de Bourbon entra dans la chambre du duc de Montpensier, où se trouvait aussi le comte de Beaujolais. « J'espère, leur dit-elle, que vous êtes préparés au terrible malheur que la religion seule peut vous aider à supporter courageusement. Lisez d'abord cette lettre que votre mère vous écrit. » Elle ne contenait que ces mots, en caractères défigurés : « Vivez, malheureux enfans, pour votre malheureuse mère. — Ma tante, s'écria aussitôt le duc de Montpensier, que veut dire cette déchirante recommandation? Qu'est devenu mon père? — Vous n'en avez plus, répondit-elle; il a été condamné à mort et exécuté. » Les deux frères tombèrent évanouis. On les transporta sur un lit, et ce lit était le même dans lequel le père avait couché pendant quatre mois.

« Malheureux et excellent père! s'écrie le duc de Montpensier dans ses Mémoires, quiconque a pu vous voir de près et vous bien connaître, sera forcé de convenir, s'il n'est pas un insigne calomniateur, que vous n'aviez dans le cœur ni la moindre ambition, ni aucune désir de vengeance; que vous possédiez les qualités les plus aimables et les plus solides; mais que vous manquiez peut-être de cette fermeté qui fait qu'on n'agit que d'après sa propre impulsion; que, d'ailleurs, vous accordiez votre confiance avec trop de facilité, et que les scélérats avaient trouvé les moyens de s'en emparer pour vous perdre et vous sacrifier à leurs atroces projets. Celui qui tiendra ce langage, ne fera que vous rendre la justice la plus sévère ; mais vos ennemis étoufferont sa voix, et malheureusement ils n'en ont que trop les moyens. Eh bien ! qu'ils achèvent leur ouvrage ! qu'ils déchirent la mémoire de cet être infortuné et sacrifié ! Mais puissent-ils être connus un jour ! Puisse le monde SAVOIR CE QUE JE SAIS ! et puissé-je encore exister à cette époque ! »

Après la révolution du 9 thermidor (1795), ils reçurent des lettres et un peu d'argent de leur mère ; on leur permit de voir les autres prisonniers. La liberté commençait à leur sourire ; ils gagnèrent secrètement un capitaine de navire. Vers six heures du soir, en hiver, le comte de Beaujolais sort le premier de sa chambre, après être convenu d'attendre son frère sur le port, et de lui envoyer un bateau au pied de la tour, s'il n'arrivait pas. Le duc de Montpensier le suit, passe devant quatre sentinelles et franchit le pont ; il se croit sauvé. Il rencontre le commandant du fort, qui l'aborde, et lui dit : « Où allez-vous ? Si vous ne rentrez pas à l'instant, j'appelle la garde et je vous fais saisir. — J'allais à la comédie, répondit le prince, comme je l'ai déjà fait plusieurs fois, à votre insu. Puisque j'ai eu le malheur de vous rencontrer ce soir, je serai privé de ce plaisir. » Et il remonta tristement, suivi de deux gardes. Seul et enfermé, il attache une corde à sa fenêtre, et s'y abandonne. A moitié de la hauteur (trente pieds), la corde casse : il tombe sans connaissance. En rouvrant les yeux il est frappé de la clarté de la lune, et se trouve dans la mer jusqu'à mi-corps. Après avoir attendu vainement le bateau que son frère devait lui amener, il se détermina à traverser le port à la nage. Il sentit alors, à une excessive douleur qu'il éprouvait, que son pied était cassé ; et, la force lui manquant, il eut une peine extrême de de faire cinq ou six brassées pour atteindre à la chaîne du port, et s'y reposer. Pendant les deux mortelles heures qu'il resta sur cette chaîne, sept bateaux passèrent ; il les implora en vain. Enfin, un batelier plus compatissant vint le chercher, le déposa mourant dans sa barque, et le conduisit au port. A l'instant où on le portait sur le rivage, un passant s'écrie : « Eh ! c'est Montpensier ; il faut qu'il ait voulu s'échapper ! » On appelle la garde, et trois commissaires viennent ajouter à ses douleurs les tourmens de l'interroger. « Pourquoi cherchais-tu à t'évader ? — Pour me soustraire à la tyrannie sous laquelle je gémis depuis trois ans, pour recouvrer ma liberté dont on n'avait pas le droit de me priver. — Qu'est devenu ton frère ? — Je l'ignore. J'espère que, plus heureux que moi, vous ne le verrez plus. » Le comte de Beaujolais avait trompé toutes les surveillances; mais, à peine apprit-il le malheur de son frère, qu'il vint reprendre ses fers auprès de lui.

Cependant les deux princes demandaient au Directoire d'être compris dans le décret sur l'échange des Bourbons avec les Français prisonniers en Autriche. La liberté leur fut rendue.

Pendant leurs voyages, le duc de Montpensier recueillit dans son portefeuille les plus remarquables des sites qu'ils parcouraient : il a fait de la chute du Niagara une vue que l'on voit, avec plusieurs autres tableaux de sa composition, dans la galerie du Palais-Royal. Sa vie, à Twiekenham, s'écoulait entre la douceur d'aimer ses frères et le plaisir de cultiver les arts. Une maladie de poitrine vint l'enlever le 18 mai 1807. Il est enterré à Westminster. Le duc d'Orléans plaça sur sa tombe une épitaphe, où nous avons lu ces paroles, si douloureuses et si vraies :

A tenerâ juventute

In armis strenuus,

In vinculis indomitus,

In adversis rebus non fractus,

In secundis non elatus,

Artium liberalium cultor assiduus,

Urbanus, jucundus, omnibus comis;

Fratribus, propinquis, amicis, patriæ,

Nunquam non deflendus;

Utcunque fortunæ vicissitudinis
Expertus;
Liberali tamen Anglorum hospitalitate
Exceptus,
Hoc demùm in Regum asylo
Requiescit, etc.

Le comte de Beaujolais était atteint du même mal quand son frère fermait les yeux. Il consentit à vivre dans un climat plus doux, sur la promesse que lui fit le duc d'Orléans de l'accompagner. La mort était déjà dans son sein ; il expira à Malte, à l'âge de vingt-huit ans. Il conserva une tranquillité admirable jusqu'à son dernier soupir : il fit les adieux les plus tendres à son frère, voulut voir encore une fois ses domestiques, et les recommanda, avec le plus touchant intérêt, au souvenir du duc d'Orléans. « Le comte de Beaujolais, dit un biographe, était d'une charmante figure et d'un heureux naturel ; il avait beaucoup de courage, et quelque chose de cette étourderie entreprenante qui caractérise la nation française. Dans le temps que Bonaparte menaçait les côtes d'Angleterre, bravant le danger il s'embarqua sur une corvette pour observer le camp de Boulogne, et revit, pour un moment, le rivage de cette patrie que la mort allait lui fermer pour toujours. »

CHAPITRE VI.

Trop accablé de sa douleur pour voir de tristes fu-
nérailles, le duc d'Orléans se rendit à Messine : il y
trouva une lettre où le roi de Sicile, Ferdinand, l'in-
vitait d'amener à Palerme, climat plus sain et plus
doux, le malade qui n'était plus. La reine l'accueil-
lit, et le roi lui laissa voir, dans ses entretiens, le
désir de lui accorder un jour la princesse Amélie, sa
fille aînée. Napoléon venait de déclarer à l'Espagne
une guerre où il montrait la double imprudence de
vouloir ravir à la fois la couronne au plus facile de
ses alliés, et la liberté à un peuple qui l'avait servi.
Ferdinand, envoyant au secours d'un monarque de
sa famille, Léopold, son second fils, engagea le prince
français à l'accompagner. La cause des Espagnols était
alors nationale; il suivit le fils de Ferdinand. L'ambassadeur anglais avait autorisé leur passage sur un

vaisseau de sa nation. A peine arrivent-ils à Gibraltar, que le gouverneur retient le prince Léopold, et fait conduire le duc d'Orléans à Londres. On y répond à ses plaintes que ce procédé ÉTAIT EN HARMONIE avec les intentions du cabinet de Saint-James. Il se croyait prisonnier, lorsqu'on lui permit de s'embarquer, mais avec l'ordre, au commandant du vaisseau, de ne pas approcher des côtes d'Espagne. Mademoiselle d'Orléans, après tant de jours d'absence, le revit à Portsmouth. Le sort l'avait reléguée, pendant huit ans, en Hongrie, avec la princesse de Conti. Elle était en Espagne, avec sa mère, lorsque Figuières fut bombardée par les Français. Elles s'étaient sauvées, de nuit, d'une maison écrasée par les bombes. Après avoir cherché le repos de pays en pays, erré sur mer pour chercher son frère, couru de Gibraltar à Malte, elle se réunit à lui dans un port d'Angleterre (1809). Le duc d'Orléans retourna à la cour de Sicile; mais tout était changé pour lui. On avait inspiré des préventions à la reine; elle en reconnut l'injustice et consentit à lui donner en mariage la princesse Amélie, qui avait fixé ses regards et son cœur. Elle devait à un naturel heureux secondé de l'éducation, et peut-être au malheur de sa famille deux fois fugitive, une dignité sans orgueil, une vertu sans faste et une bienfaisance sans ostentation. Mademoiselle d'Orléans vint à Palerme annoncer à son frère un bonheur plus inespéré; le gouvernement anglais permettait qu'il revît à Mahon celle dont il avait reçu le jour. Après seize années de séparation, il put presser sa mère dans ses bras, et tout ce qui restait de la famille vint se réunir, à Palerme, autour de l'autel où il reçut la main de la princesse Amélie (1809).

La politique et la guerre ne le laissèrent pas long-temps goûter les douceurs de la plus heureuse union; la régence de Cadix invoqua, au nom de la liberté, l'appui de ses talens et de son épée; mais il trouva à Tarragone les mêmes intrigues. Le gouverneur espagnol lui déclara qu'il n'était pas autorisé à remettre le commandement. Le parti national avait appelé le duc d'Orléans, mais avec un mystère que les Anglais avaient pénétré. Il fit voile pour Cadix, où la régence était si craintive qu'elle s'opposa presque à son débarquement. Il insista, et fut admis en audience publique. Sur ces entrefaites, une frégate anglaise arriva, avec l'ordre de le conduire à Londres. Il refusa. L'ambassadeur d'Angleterre, ayant pressé en vain la régence de l'y contraindre, la menaça de faire éloigner les troupes anglaises. La dernière ressource du prince était de parler aux cortès qui s'assemblaient; il court à l'île de Léon; on prétexte que la séance est secrète, et trois membres viennent lui signifier que les cortès considèrent son éloignement comme nécessaire au salut de cette Espagne, dont il était venu défendre l'indépendance. Après avoir résisté pendant trois mois, la frégate espagnole le porta au même rivage où la régence l'avait envoyé chercher.

La naissance d'un fils (le duc de Chartres) le consola des obstacles que la prévention et l'envie lui
suscitaient partout où il cherchait une cause nationale et des combats. La même fatalité avait arrêté
la gloire du duc d'Orléans, frère de Louis XIV, et de
son fils Philippe, qui fut depuis régent. Ce roi n'aimait pas à trouver de rivaux dans sa famille. Les
souverains d'Autriche et d'Angleterre prouvaient alors
qu'ils ne voulaient pas d'un Bourbon ami de la liberté.

Depuis l'invasion des états de Naples par le roi
Joseph Bonaparte, une partie de la cour et de l'armée
avait suivi Ferdinand à Palerme. La première conquête sous Championnet, en 1799, n'avait pas été
moins ruineuse. On peut lire dans la Vie de ce général que l'impôt de guerre devait s'élever, en moins
de deux mois, à plus de cent trente millions. Championnet accusait Faypoult, envoyé du Directoire,
d'être l'auteur de cette exaction, et d'avoir introduit
clandestinement ses commis dans le palais du roi,
d'avoir brisé les meubles pour enlever l'argent, l'or
et les camées qui y étaient incrustés, et d'en avoir
fait sortir des fourgons remplis des choses les plus
précieuses. Ce général, dans des mémoires inédits,
nomme des employés qui apportèrent en France chacun plus d'un million. Paris en a connu dont la
récolte fut deux et même trois fois plus abondante.
En deux mois de séjour, un de ces Verrès avait pris
quatre-vingt mille pièces d'or, et ne rougit pas d'a

vouer et d'étaler son or aux yeux de ses amis. Le désintéressement qui honora la république romaine pendant trois siècles, ne dura chez nous que trois ans. Dès 1796, il en fut comme du temps de César ; au milieu de tant de richesses ravies, les peuples estimaient ceux, dit Plutarque, qui prenaient modérément. Nous louerons donc le désintéressement de Championnet, premier conquérant d'un royaume aussi riche. Il ne laissa à sa mort que quatre cent mille francs.

Murat, roi de Naples, avait pris le titre de roi des Deux-Siciles ; ce qui annonçait l'intention d'avoir un royaume de plus ; c'était aussi celle du roi fugitif, et surtout de la reine. L'Angleterre protégeait la Sicile par une flotte, une armée de vingt mille hommes, et un subside annuel de quatre cent mille livres sterling. L'or lui a toujours fourni le double moyen d'entretenir la guerre, et de la détourner sur le territoire de ses alliés.

La reine était persuadée que les ministres Anglais ne voulaient pas qu'elle remontât sur le trône de Naples ; car ils auraient cessé de dominer la Sicile et la cour. En répétant sans cesse que la défense de cette île était son affaire, qu'elle reprendrait Naples sans eux, et malgré eux, elle mécontenta à la fois les Anglais et les Siciliens. Ces derniers n'aiment pas les Napolitains, et alors c'était trop de nourrir des Napolitains et d'être gouvernés par eux. Le duc d'Orléans s'efforçait en vain de convaincre la reine de cette vérité. Elle balançait entre le désir d'employer la valeur de son gendre, et la crainte que le système qu'il lui recommandait ne prévalût. Ce fut sans fruit que le prince fit des plans de défense pour la Sicile, qu'il insista sur le respect dû aux privilèges dont ce peuple jouissait depuis huit siècles, reconnus et augmentés par plusieurs maisons qui avaient régné en Sicile. Le plus important était de s'imposer par un parlement triennal. Les ministres demandaient, cette année (1810), une augmentation de trois cent soixante mille onces d'or par an. L'once de Sicile vaut douze francs de notre monnaie; le parlement n'accorda que cent cinquante mille. Un édit royal, sans autre forme, mit un impôt extraordinaire; un grand nombre de membres du parlement protesta; la cour les fit enlever la nuit, et transférer dans les îles désertes. La Sicile mécontente fut agitée. Le duc d'Orléans, en tout temps, en tous lieux, l'ennemi de l'arbitraire, se retira à la campagne (1).

Cependant un commissaire anglais, milord Bentinck, arrive, parle en maître, éloigne le roi qui nomme son fils vicaire-général du royaume. Les

---

(1) Même opinion, même conduite en 1830, vingt-et-un ans après !

barons siciliens proclamèrent une constitution; l'essai ne fut pas heureux : partout où de grandes assemblées délibèrent pendant le danger qu'augmentent les dissentions civiles, le repos de la couronne et du peuple est compromis. Les suites de cette révolution ne sont pas de mon sujet (1). J'ajouterai ce qu'on ignore à Paris, ce que je vis en 1818; les barons siciliens, réfugiés à Londres, y publièrent un manifeste dans lequel ils reprochaient à leur roi de leur avoir promis, pendant sa détresse, une constitution, qu'il refusa en remontant sur le trône de Naples. Ce manifeste, en anglais et en français, était éloquent dans les deux langues. J'ai su qu'il avait été ordonné par les ministres anglais. Voilà leur politique ; ils se ménagent pour l'avenir, suivant les intérêts, des révolutions par les peuples contre les rois, et des révolutions par les rois contre les peuples.

---

(1) Ce manifeste était du duc Buttura, Sicilien ; je le traduisis en français. L'anglais est en regard, il est de 32 pages in-8°.

CHAPITRE VII.

Retour à Paris. — Révolution. — Sa conduite à Lille pendant
les cent jours.

La Sicile n'apprit l'abdication de Bonaparte que
trente-trois jours après l'événement : le duc d'Orléans
part, se retrouve sur la terre de France avec autant
d'étonnement que de joie, paraît chez le roi, aux
Tuileries, avec l'habit de lieutenant-général français,
et au sein de sa famille il est tout au bonheur de revoir une patrie dont le souvenir glorieux l'avait con-
solé dans ses infortunes. Un des traits distinctifs de ce
prince guerrier fut de s'honorer, chez l'étranger, des
victoires qui étaient autant d'obstacles à son retour.
Cette grandeur rappelle celle d'un roi qui, perdant
une bataille qui lui enlevait la couronne , s'écria:
« Comme mes sujets se battent! »

Au retour du captif de l'île d'Elbe, le roi envoya à
Lyon le duc d'Orléans; il y fut reconnu dans un conseil présidé par Monsieur, et où se trouvait le maré-

chal Macdonald, qu'il n'y avait nul moyen de s'opposer à l'entrée de Bonaparte dans cette ville. Il
accompagna le roi, le 16 mars, à la séance royale. Il
partit le soir même, suivi du brave général Albert,
pour Péronne, où le maréchal duc de Trévise le fit
reconnaître aux troupes commandant en chef dans le
département du Nord. Toujours accompagné du maréchal dont il avait vu les premières actions d'éclat
dans la mémorable campagne de 1792, il visita Cam-
brai, Douai et Lille. Il fut reçu avec enthousiasme
dans ces places.

Le 20 mars, il envoya à tous les commandans pour
instruction « de faire céder toute opinion au cri pressant
de la patrie, d'éviter les horreurs de la guerre civile,
de se rallier dans toutes les circonstances à la Charte
constitutionnelle, surtout de n'admettre, sous aucun
prétexte, dans nos places, les troupes étrangères. » Le
même jour, le télégraphe avait transmis ce message
de Napoléon : « L'empereur rentre dans Paris, à la
tête des troupes qu'on avait envoyées contre lui. Les
autorités civiles et militaires ne doivent plus obéir à
d'autres ordres que les siens, et le pavillon tricolore
doit être sur-le-champ arboré. » Le roi arriva à Lille
le 22, et en partit le lendemain. Il n'avait laissé aucune instruction au duc d'Orléans ni aux autres commandans de la ville. Dans cet état de choses, le
prince, après les avoir prévenus qu'il n'avait plus
d'ordre à leur transmettre au nom du roi, quitta

Lille le 24 mars 1815, pour rejoindre sa famille en Angleterre. On publia sa dernière lettre au duc de Trévise. Nous la transcrivons comme un modèle de patriotisme, dans une crise où son épée était inutile :

Lille, le 23 mars 1825.

« Je viens, mon cher maréchal, vous remettre en entier le commandement que j'aurais été heureux d'exercer avec vous. Je suis trop bon Français, pour sacrifier les intérêts de la France, parce que de nouveaux malheurs me forcent à la quitter. Je pars pour m'ensevelir dans la retraite et dans l'oubli. Le roi n'étant plus en France, je ne puis plus vous transmettre d'ordres en son nom ; et il ne me reste plus qu'à vous dégager de l'observation de tous les ordres que je vous ai transmis, et à vous recommander de faire tout ce que votre excellent jugement et votre patriotisme si pur vous suggéreront de mieux pour l'intérêt de la France, et de plus conforme à tous les devoirs que vous avez à remplir. Adieu, mon cher maréchal ; mon cœur se serre en écrivant ce mot ; conservez-moi votre amitié dans quelque lieu que la fortune me conduise, et comptez à jamais sur la mienne. Je n'oublierai jamais ce que j'ai vu de vous, pendant le temps trop court que nous avons passé ensemble. J'admire votre noble loyauté et votre beau

caractère, autant que je vous estime et que je vous
aime; et c'est de tout mon cœur, mon cher maréchal,
que je vous souhaite toute la prospérité dont vous
êtes digne, et que j'espère encore pour vous.

»L. P. D'ORLÉANS.»

CHAPITRE VIII.

Le prince retourna dans sa retraite de Twickenham; la calomnie l'y suivit. On osa publier sous son nom, dans les journaux anglais, DES PROTESTATIONS, DES PROFESSIONS DE FOI. Il se contenta de les démentir. Ses divers exils rappellent ce vers de M. Lemercier dans *Camille* :

Je puis cacher ma vie et non la profaner.

Il revint en France quand le gouvernement fut rétabli. Le roi avait autorisé les princes à délibérer à la Chambre des Pairs; les colléges électoraux venaient de demander l'épuration des administrations publiques, et le châtiment des délits politiques. La commission de la Chambre adopta la proposition, et dans un projet d'adresse, disait au roi : « Sans ravir au

trône les bienfaits de la clémence, nous osons lui recommander les droits de la justice ; nous oserons sol-
liciter humblement de son équité la rétribution nécessaire des récompenses et des peines. »

Le duc de Broglie, MM. de Barbé-Marbois, de Tra-
cy, Lanjuinais, la combattirent ; mais d'autres pairs
ayant insisté sur le châtiment des coupables, le duc
d'Orléans se leva avec vivacité, et proposa la suppres-
sion du passage de l'adresse. « Laissons au roi, dit-il,
le soin de prendre constitutionnellement les précau-
tions nécessaires au maintien de l'ordre public, et ne
formons pas de demande dont la malveillance ferait
peut-être des armes pour troubler la tranquillité de
l'état. Notre qualité de juges éventuels de ceux envers lesquels on nous recommande moins de clémence
que de justice, nous impose un silence absolu à leur
égard. Toute énonciation antérieure d'opinion me
paraît une prévarication dans l'exercice de nos fonc-
tions judiciaires, en nous rendant tout à la fois accu-
sateurs et juges. »

On n'entendit, pour l'appuyer, qu'un cri una-
nime, et un moment après le contraire fut adopté.
On ne lut cette séance mémorable que dans les journaux anglais ; son triste résultat semblait avertir le
duc d'Orléans de l'inutilité de sa présence dans la
Chambre des Pairs ; il s'imposa un exil volontaire.
A Londres, il reçut une lettre de la femme du maré-

chal Ney; elle le suppliait d'intéresser le prince-régent en faveur de son époux, en jugement devant la Chambre des Pairs; il répondit à cet appel fait à la générosité de son caractère. « Le duc d'Orléans, modèle des vertus privées, a élevé sa famille dans les sages principes qui ont fait la règle de toute sa vie. Elle se compose de cinq princes et de trois princesses. Leur illustre mère s'est souvenue du mot de Jeanne d'Albret, qui n'entendait pas que son fils fût un illustre ignorant. Elle a voulu que l'aîné, duc de Chartres, jouît, comme son aïeul Henri IV, des avantages de l'éducation publique. » Ce jeune prince a brillé dans ses études; si un jour, dans une guerre juste, il gagne des batailles, il pourra se rappeler, comme Villars, qu'il est un plaisir plus vif, remporter un prix au collége.

Le duc d'Orléans a orné des produits de l'industrie française son palais et sa délicieuse habitation de Neuilly, dont il a dessiné lui-même les jardins. Il est cher aux braves, comme aux amis d'une sage liberté. Il aime, il protège les lettres, il en a vengé la gloire offensée; M. Casimir Delavigne, écrivant pour la postérité, et non pour la politique du jour qui passe avec les ministres, avait chanté la liberté de la Grèce; un ministre lui ôta un mince emploi aussi nécessaire à son existence qu'aux progrès de son génie; le duc d'Orléans l'appela près de lui. L'auteur d'Anacharsis avait fait des Messéniennes en prose sous les yeux du duc de Choiseul, et n'en fut que plus honoré par ce grand ministre.

Le bonheur de la famille ne fut troublé, en 1821, que par la mort de madame la duchesse d'Orléans, à qui le ciel devait de longs jours pour ses vertus. Sa vie, épargnée par le crime, avait été protégée deux fois par la victoire : un général de la république avait fait respecter par ses soldats, en Espagne, l'asile que les bombes qui se croisaient la forcèrent de quitter, et Napoléon, pendant son règne de cent jours, lui permit de rester à Paris.

Mademoiselle d'Orléans, depuis 1810, n'a pas quitté son frère qu'elle chérit et dont elle est tendrement aimée. « Le bonheur et la fortune ont resserré les premiers liens formés par la nature et le malheur. La famille de son frère est la sienne, et, dans cette douce et inaltérable union, elle ne connaît de mauvais jours que ceux où elle ne peut pas faire un peu de bien. Légataire du bel hôtel où la duchesse de Bourbon fonda l'hospice d'Enghien, elle a religieusement recueilli cet héritage, dans lequel elle s'occupe sans cesse d'adoucir le sort des malheureux.

Le duc d'Orléans voulut installer lui-même, à Valenciennes, son fils aîné colonel des hussards de son nom. Ce prince avait à peine quinze ans; mais, sous un tel père, la valeur a devancé son âge. Après la cérémonie, on remarqua le mouvement naturel d'un prince qui fut guerrier s'élevant sur les hauteurs de la ville, pour montrer à son fils les champs de bataille où l'armée française se signala, dans nos premières guerres. Quand on lit dans l'histoire quels furent le courage et le sang-froid du duc d'Orléans à Grand-Pré, à Valmy, à Jemmapes, on ne peut se défendre du regret que la brillante carrière qui s'ouvrait devant lui ait été fermée par les factions, puis par la famille. Mais il est des guerriers que l'injustice et l'envie condamnent en vain au repos; leur caractère vaut les batailles qu'ils auraient gagnées.

Le prince ne borne pas sa protection et son goût pour les arts, à Paris. Les voyageurs distinguent la terre d'Eu entre ses beaux domaines. Elle est aux bords des eaux limpides et poissonneuses de la Bresle. Le bon duc de Penthièvre aimait le château d'Eu, dont on voit encore de beaux restes. Sa position, vis-à-vis de la mer, est pittoresque; son canal y communique; sa grande forêt a des sites variés. Rien n'est plus ravissant que cette vue.

Le prince, en revoyant ce riant séjour, éprouva ce genre d'intérêt qui attire vers ce qui est simple. Il y revient tous les ans, avec ses enfans. A des portraits de famille, que la fidélité d'un vieux serviteur avait conservés, il a joint des collections de tableaux précieux. Ce musée est ouvert sous la seule condition d'inscrire son nom sur un *album*, dont la première page annonce l'ordre du prince d'offrir aux nationaux et aux étrangers toutes les commodités pour copier, ou placer les tableaux dans un jour favorable à la vue.

Les habitans de la ville d'Eu souffrent moins de l'absence du prince, en voyant ce concours d'étrangers visiter son musée.

P. S. *Les Nouvelles* de la révolution du 26 juillet sont dans les journaux; il faut du temps pour les *faits* de l'Histoire. Je publierai dans deux mois un supplément à ce *Précis*. J'ajoute un mot, un mot profond que j'entends partout : « La situation est des plus belles pour le peuple français, mais très-critique. Philippe d'Orléans et Lafayette sont, peut-être, les seuls qui la comprennent. Qu'ils soient unis, et la France est sauvée! »

CHATEAUNEUF.

Ce 9 août 1830.

QUELQUES REMARQUES.

Depuis que des réputations nouvelles font oublier les anciennes, avant de s'évanouir à leur tour, il n'est plus de personnage dont la vie se borne à un volume; si on le lit, ce n'est pas sans ennui.

Le cardinal Maury, dans son discours de réception à l'académie française, dit « qu'entre les livres qu'on devrait abréger, il faudrait commencer par l'histoire. » Je pense qu'on doit excepter celle de Napoléon dont le règne embrasse l'Europe entière. Portez vos regards vers des époques où des noms fatiguaient aussi la renommée. Voltaire n'accorde qu'un volume à Pierre Ier; quel législateur et quel monarque ! un volume à Charles XII, quel héros ! que deux à Louis XIV; quel règne ! un des plus longs de la monarchie. Reboulet, opposé par l'envie à Voltaire, il y a soixante ans, publia six *in-quarto* sur Louis XIV, et Désormeaux deux sur le grand Condé. Qui les lit ? Nous sommes parvenus à une telle indifférence depuis qu'on FAIT DE L'HISTOIRE SUR TOUT, qu'il n'est plus que la précision qui sauve de l'oubli la gloire des grands hommes. « Quand toute cette foule d'événemens et de détails se présentent devant la postérité, dit Voltaire, ils sont presque tous anéantis les uns par les autres ; les seuls qui restent sont ceux qui ont produit de grandes révolutions, ou ceux qui, ayant été décrits par quelque écrivain excellent, se sauvent de la foule, comme des portraits d'hommes obscurs peints par de grands maîtres. »

« Les longs ouvrages me font peur, » a dit La Fontaine. Tous les gens de goût appliquent aujourd'hui son vers à l'histoire. Voyez comme milord Chesterfield, français par l'esprit, loue les justes proportions dans lesquelles Voltaire savait enfermer ses sujets historiques. « Je viens de recevoir le *Siècle de Louis XIV*, écrivait-il à son fils, et je l'ai déjà lu deux fois. »

L'in-folio fait encore moins le plaisir des lecteurs que la grandeur d'un règne ; c'est à mes yeux un immense terrain qui renferme des cercueils pour les renommées. Comment la célébrité est-elle restée au grand Condé et à Turenne ? Par vingt pages de Bossuet et de Fléchier, et par autant de Voltaire. J'ai connu nos grands capitaines depuis le maréchal de Rochambeau jusqu'à Masséna; tous prétendaient au volume, même à deux. Cela me rappelait le vers de Gresset,

Ils ne nous feront pas grâce d'une laitue.

Le duc de Crillon, qui prit Mahon, s'était distingué à Fontenoy, à la tête du régiment dont il était colonel. A Paris, en 1792, causant avec moi du règne de Louis XV, il me dit : « J'avais envoyé cent pages à Voltaire sur la bataille de Fontenoy, pour son Précis; le fripon ne m'a accordé que deux lignes. »

Je dirais volontiers à des généraux devenus leurs historiens : ce n'est pas assez d'être César par le cœur, il faut l'être par l'esprit pour être lu. Quel auteur moderne, s'il n'a pas la majesté de Vertot ou le charme de Voltaire, oserait donner cent pages, comme le premier au siége de Rhodes, trente comme le second, à la bataille de Fontenoy?

On croit qu'il est utile de rappeler un précepte dans un temps où l'on publie tant d'histoires nouvelles. « Les journaux, les *mémoires*, dit Voltaire, ne sont pas plus une *histoire*, que des matériaux ne sont une maison. L'histoire ne consiste pas à détailler de petits faits, à produire des manifestes, des répliques, des dupliques. Ce n'est point ainsi que Quinte-Curce a composé l'histoire d'Alexandre; ce n'est point ainsi que Tite-Live et Tacite ont écrit l'histoire romaine. Il y a mille *compilateurs*, à peine avons-nous deux ou trois *historiens* modernes. Nous souhaiterions que tous ceux qui broient les couleurs les donnassent à quelque peintre pour en faire un tableau. »

« Je ne crois pas, dit Salluste, qu'il y ait une tâche plus difficile que celle d'écrire l'histoire : il faut que les grandes actions ne perdent rien par les mots. » Le premier charme pour les Grecs et les Latins, c'était le style. De nos jours, il y une difficulté plus grande ; l'écrivain doit être philosophe, humain, n'être point ébloui par les faits éclatans, ni dominé par les partis. L'histoire générale exige des vérités moins sévères que la biographie. L'une est un tableau qui frappe par la grandeur ; le mérite de l'autre est dans la ressemblance des caractères.

Depuis François Ier jusqu'à Louis XIII, que trouve-t-on ? Des guerres de religion. Sous Louis XIV ? des entreprises injustes. Durant la république ? l'amour de la liberté ; et quand Bonaparte la détruisit, l'ambition et la vanité : mais que de braves et de grands capitaines ; les uns fiers d'avoir défendu le territoire de leur patrie, les autres ne connaissant que la gloire d'avoir épuisé leur sang pour Louis XVIII auteur immortel de la Charte ! Si l'historien prononce de nos jours entre ces deux prétentions, que de censeurs de son livre ! que d'implacables ennemis ! Peuples et grands, pour décider, attendez l'arrêt suprême de la postérité : alors le monde entier jugera la révolution avec un noble égoïsme, je veux dire par les biens et les maux qui en résultent pour le genre humain.

Montesquieu a dit : « Dans les monarchies, on ne juge pas les actions des hommes comme bonnes, mais comme belles ; comme justes, mais comme grandes ; comme raisonnables, mais comme extraordinaires. » A défaut de vertu, principe des anciennes républiques, selon Montesquieu, appliquons son autre mobile, l'honneur, l'honneur français aux actions héroïques qui ont étonné le monde pendant vingt ans.

A la lecture des combats, des malheurs et des voyages du duc d'Orléans, la pensée ingénieuse de M. de Fontanes se présenta à mon esprit : « S'il tombait sous la main, a-t-il dit, une vie de Washington, sans que rien désignât le temps, les lieux où il vivait, on croirait avoir retrouvé une vie perdue de Plutarque. »

Washington fut plus grand comme citoyen et comme fondateur de la liberté américaine, que par les batailles qu'il gagna avec La Fayette, contre les oppresseurs de sa patrie. C'est assez pour le respect des siècles à venir ; mais il est un genre d'intérêt que ce grand homme n'a pas dans l'histoire, l'intérêt des malheurs d'un Thémistocles, d'un Epaminondas, d'un Aristide. Qui n'aime mieux lire Coriolan banni, qu'Alexandre généralissime mourant d'intempérance à la table d'un favori? Les batailles ennuient ; il faut des calamités dans une histoire. Pourquoi Plutarque intéresse-t-il? c'est que toutes ses vies sont de vraies tragédies, et Shakespeare n'eut qu'à diviser en cinq actes les vies de Coriolan et de Jules-César. S'il ne lui fit que ces deux emprunts, c'est que sur la scène anglaise, il n'y a que les sujets nationaux qui réussissent.

Cherchons des exemples chez nous. Condé rappela la victoire, Turenne la fixa, mais le premier s'éteignit dans son lit, et le second trouva, en combattant, cette mort prompte que Villars malade enviait à Berwich. Si le vainqueur de Rocroy fait encore couler des larmes dans une oraison funèbre, qu'on ne s'y trompe pas, ce n'est pas le héros, c'est l'âme de Bossuet, sa divine éloquence qui produit cet attendrissement : toute la pitié est pour lui, quand il montre ces cheveux blancs qui l'avertissent qu'il suivra bientôt Condé dans la tombe.

La mort de ces deux grands capitaines attendrit moins que celle de Bayard, et Gaston de Foix, plus malheureux et plus aimables (1). Pichegru, Hoche, Moreau et Masséna ont gagné de plus grandes batailles que Custine, Dampierre, Dugommier et Marceau ; mais quel intérêt supérieur aux combats n'aurait pas l'infortune de ces derniers ! Rousseau, mécontent de toutes les histoires du maréchal de Turenne, a dit dans son Émile : « La France attend un Plutarque. » Faible, mais laborieux écrivain, j'ébauchai il y a vingt-cinq ans des matériaux. C'est à une main habile de les tailler sur le modèle des chefs-d'œuvre de l'historien unique que Jean-Jacques souhaitait à la France.

(1) Voyez la fin de Gaston dans Froissard, vous croirez lire le dernier acte de Tancrède. On ne peut trop regretter que cet historien du 15ᵉ siècle n'ait pas trouvé la langue plus épurée. Le savant baron de Sainte-Croix m'a dit souvent que Froissard a des situations dramatiques qu'on ne trouve que chez les anciens. M. Buchon en a donné une édition parfaite.

FIN.

HISTOIRE

DE

PHILIPPE D'ORLÉANS,

RÉGENT DE FRANCE.

PAR M. A. CHATEAUNEUF.

Deux volumes grand in-18, 7 fr., chez Vavasseur,
Palais-Royal.

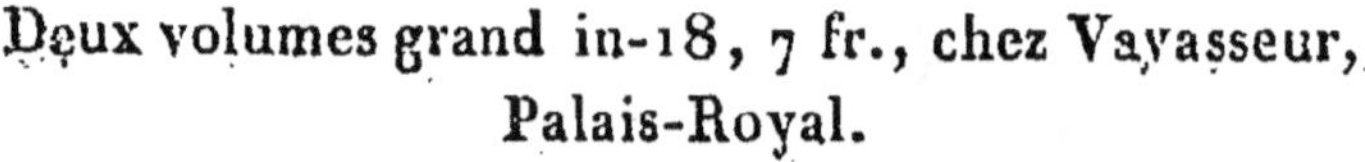

Les combats de ce prince, l'offre qu'on lui fit en
Espagne d'une couronne que Philippe V, petit-fils de
Louis XIV, ne pouvait plus garder ; les intrigues de
la princesse des Ursins, premier ministre de fait ;
la manière expéditive dont le duc d'Orléans emporte
la régence, après la mort de Louis XIV, qui n'avait
pas rougi de la donner par son testament au duc du

Maine, bâtard de la Montespan, tous ces chapitres curieux fixèrent moins l'attention que la corruption des mœurs et la banqueroute de l'état. Ces deux fléaux avaient grandi jusqu'en 1789, couverts par LE BEL AIR ET LE BON TON. C'est avec cette surface qu'on se moquait de ses dettes, ou qu'on promettait de les payer en se mésalliant à un financier; qu'on niait la vertu des femmes, même de sa mère, tout en vantant ses aïeux. On ne mit plus l'honneur à être le fils de son père, le point essentiel fut d'en hériter.

Quant aux finances, les ministres, sans argent, pour s'en procurer, établirent des tribunaux contre les traitans; on offrit le cinquième des confiscations aux dénonciateurs. Les taxes imposées à quatre cent financiers produisirent deux cent millions, dont le tiers fut donné aux courtisans.

Le système des finances de Law bouleversa toutes les fortunes. L'ardeur pour le gain devint frénésie. Un billet d'état, d'*agio en agio*, produisait des millions en deux mois. Les hommes étaient sans probité, celui qui avait le secret de la baisse, faisait prendre du papier à son ami, à son parent, une heure avant qu'ils en connussent la défaveur. Il y eut des empoisonnemens pour hériter des porte-feuilles, et des assassins pour les dérober. Law prit la fuite pour se sauver, laissant dans le public pour deux milliards, sept cent millions de billets de banque, sans valeur comme les assignats en 1795. Les deux époques se ressemblent. Toutes les fois qu'à des finances épuisées, se joint le refus du peuple, de payer un doublement d'impôts, la ressource d'un état est la banqueroute, ou LE PAPIER NATIONAL pour la déguiser.

On jugera de la politique extérieure par deux faits; le cardinal Dubois recevait un million par an de l'Angleterre, pour lui vendre les secrets de son pays. Le marquis de Seneterre, avant de partir pour l'ambassade de Londres, demanda des instructions à ce premier ministre, qui répondit qu'il n'en avait point d'autres à donner, que de suivre ce que lui PRESCRIRAIENT LES MINISTRES ANGLAIS. M. de Polignac avait encore plus de complaisance pour les étrangers.

Saint Simon a écrit dix volumes sur la régence qui a duré sept ans. Il aurait pu, d'après la règle de proportion, laisser cinquante volumes pour le règne de Louis XIV, car ce règne fut d'un demi-siècle. Si cela continue, l'argent va manquer et le temps aussi pour acheter et lire les livres d'histoire. « Mais j'oublie que des critiques trouvent que le SIÈCLE DE LOUIS XIV, par Voltaire, en deux tomes, n'est qu'une esquisse.

Le duc d'Orléans fut libertin comme tous les Français de ce temps-là ; mais il était vaillant, respecté des ennemis et partisan de la paix, quoiqu'il pût s'illustrer à la guerre. Il fut bon et tolérant , au point que le peuple de Paris l'appelait PHILIPPE LE DÉBONNAIRE. « On ne peut lui reprocher , dit Voltaire , que l'amour de la nouveauté. »

Les campagnes de Philippe d'Orléans en trente pages, seront lues sans fatigue, par les gens du monde et par les militaires. Nous avons distingué dans l'ouvrage une VIE COMPLÈTE de la princesse des Ursins, belle à soixante-neuf ans.

Dans le chapitre du voyage du Czar à Paris, nous avons douté de quelques faits étonnans , mais qui semblent avérés. On ne les trouve ni dans Saint-Simon, ni dans Duclos , ni dans Marmontel.

JOHN BULL,

ou

LES DROITS DE L'HOMME;

Comédie nationale, en trois actes,

PAR A. CHATEAUNEUF.

Cette pièce est prohibée depuis six ans. La Comédie-Française va l'examiner.

Il n'y a pas une ligne indécente ou qui sente l'esprit de révolte contre les rois, dont la protection est même invoquée par JOHN BULL, *l'Homme du Peuple*. On peut prédire un étonnant concours d'amis de la liberté et de curieux si la pièce est jouée.